AF295000

FSC
www.fsc.org
MIX
Papier aus ver-
antwortungsvollen
Quellen
Paper from
responsible sources
FSC® C105338

Christoph-Maria Liegener

Corona in der weiblich werdenden Welt

© 2021 Christoph-Maria Liegener

Herstellung und Verlag:
BoD – Books on Demand, Norderstedt

Umschlagbild: Shutterstock

ISBN: 9783753439112

Inhalt

Inhalt..5

Vorwort 6

Die weiblich werdende Menschheit 8

Weitere Transgenderisierungen...............30

Corona und andere Bedrohungen............43

Vorwort

Dieses Büchlein enthält unter anderem eine geraffte Wiedergabe meiner Theorie von der weiblich werdenden Welt, die ich an anderen Stellen[1] ausführlicher darge-

---

[1] Christoph-Maria Liegener:

Warum die Welt weiblich wird. Ein Psychogramm der Menschheit. Einbuch Buch- und Literaturverlag, Leipzig (2017).

Kollektivpsychologische Ursachen des Populismus. Grin-Verlag, München (2017).

Der Verlust des Jenseits. Symptome der Transgenderisierung der Menschheit. Grin-Verlag, München (2017).

Der Untergang der mykenischen Kultur. Grin-Verlag, München (2018).

Machtlos gegen den Klimawandel. Books on Demand, Norderstedt (2019).

Weihnachten für alle. Vorbote einer weiblich werdenden Welt. Books on Demand, Norderstedt (2019)

stellt habe. Hier wird vor allem der neue Aspekt der globalen Corona-Bedrohung im Licht dieser Theorie beleuchtet.

Dr. Dr. Christoph-Maria Liegener

Die Transgenderisierungen der Menschheit. Books on Demand, Norderstedt (2020).

Rückkehr zum Urvertrauen. Die Frage nach Gott in der weiblich werdenden Welt. Books on Demand, Norderstedt (2020).

Die weiblich werdende Menschheit

Corona und die weiblich werdende Menschheit – zwei Schlagworte. Corona kennt jeder. Die Pandemie nervt und man wünscht sich, sie würde einfach wieder verschwinden. Ob es dazu kommt und, wenn ja, wann, hängt mit dem Weiblich-Werden der Menschheit zusammen, einem Prozess, der die ganze Welt beeinflusst.

So manche Frau wird denken:

„Weiblich werdende Welt? Schön wär's. Noch werden Frauen überall benachteiligt."

Der Schlüssel liegt in dem Wörtchen „noch". Der Prozess des Weiblich-Werdens zieht sich über Jahrhunderte hin und ist noch nicht abgeschlossen. Im Vergleich zum Mittelalter geht es den Frauen heute schon merklich besser. Rein theoretisch hätten Frauen heute die gleichen Rechte wie Männer – damals nicht! Diese Rechte in der Praxis überall durchzusetzen, dürfte noch seine Zeit dauern, aber es wird kommen.

Sind Sie immer noch misstrauisch? Vielleicht befürchten Sie, durch diese These sollen die Frauen vertröstet und ruhig gestellt werden. Das Gegenteil ist der Fall. Die These soll sie ermutigen: Sie werden Erfolg haben. Kämpfen Sie für die Frauenrechte! Sie stehen auf der richtigen Seite!

Das Ganze heißt nicht, dass die Männerherrschaft am Ende durch eine Frauenherrschaft abgelöst wird. In der zukünftigen weiblichen Welt wird keiner mehr den anderen beherrschen. Alle sind gleichberechtigt. Es könnte nur sein, dass Frauen in dieser neuen Welt besser zurechtkommen als Männer.

Was hat es nun mit dem Weiblich-Werden der Menschheit auf sich? Das Weiblich-Werden bezieht sich auf die kollektive Psyche der Menschheit. Den

Begriff der Psyche für die Menschheit zu verwenden, ist nicht neu. Carl Gustav Jung sprach bereits vom kollektiven Unbewussten. Dieses kann dafür verantwortlich sein, dass das Kollektiv der Menschheit sich männlich oder weiblich verhält.

Das äußert sich im täglichen Leben. Es geht nicht nur um die Arbeit der Gleichstellungsbeauftragten, die darum kämpfen, Frauen gleiche Rechte zu sichern wie Männern. Es geht vielmehr um die Verhaltensweise der Menschheit insgesamt.

Man bekommt einen Eindruck vom kollektiven männlichen und kollektiven weiblichen Verhalten, wenn man einmal einen Haufen Männer zusammenwürfelt, denen man eine Aufgabe stellt, und ein andermal einen Haufen Frauen mit der gleichen Aufgabe. Bei den Männern gibt es kurze Rangkämpfe, dann ist die Rangordnung festgelegt und die Gruppe funktioniert als Einheit. Sie erledigt die Aufgabe schnell und effizient.

Bei den Frauen bilden sich kleine Untergrüppchen, die sich zwar jede für sich gut verstehen, sich aber gegenseitig anzicken. Endlose Auseinandersetzungen beginnen, bis die Aufgabe überhaupt erst in Angriff genommen werden kann, dann folgen bei jeder Kleinigkeit weitere Diskussionen. Trotzdem wird auf irgendeine Weise die Aufgabe auch bei den Frauen erledigt. Es dauert länger als bei den Männern, ist aber vom Ergebnis her besser durchdacht.

Ins Große übertragen bedeutet das: Männer bauen Hierarchien auf, Frauen bilden Netztwerke. Die Problemlösungen werden in einer Hierarchie von oben nach unten delegiert und zügig erledigt. In einem Netztwerk wird selbstorganisiert gearbeitet, manche Arbeitsschritte werden doppelt gemacht, zuweilen mit unterschiedlichen Ergebnissen, die dann miteinander abgeglichen werden müssen. Das kostet Zeit, hilft aber, mögliche Fehler zu erkennen und neue Einsichten zu gewinnen.

Die entsprechenden männlichen Staatsformen sind Diktatur und Monarchie, die entsprechende weibliche ist die Demokratie. In unserer Welt hat sich die Demokratie durchgesetzt, ein deutliches Zeichen, dass sie weiblich wird.

Man könnte einwenden, dass in unserer Demokratie immer noch die meisten Politiker Männer seien. Dazu erstens: Das ist zur Zeit noch richtig, ändert sich aber zusehends. Zweitens, und das ist das Entscheidende, sind es nicht die Repräsentanten, die ausmachen, ob die kollektive Psyche einer Gesellschaft männlich oder weiblich ist. Es sind die vorherrschenden Ideale und Verhaltensweisen im Großen. Es ist das, was allgemein akzeptiert wird.

Man diskutiert heute lieber, als sich um Entscheidungen zu prügeln. Das ist typisch: Kaffeekränzchen sind weiblich, Hahnenkämpfe männlich.

Das Weiblich-Werden der Welt ist ein Prozess, der sich über Jahrhunderte hinzieht und sich erst nach und nach entfaltet.

Der Kampf um gleiche Rechte für Frauen ist noch nicht beendet. Bei diesem Kampf kann es dazu kommen, dass Frauen männliche Strategien zur Durchsetzung ihrer Ziele einsetzen müssen. Das ist in einer noch nicht vollständig umgewandelten Welt oft notwendig. In einer weiblichen Welt werden diese männlichen Züge verschwinden. Dominanz wird nicht mehr angestrebt werden, sondern Harmonie wird vorherrschen.

All das wird Zeit brauchen. Zum Beispiel war die kommunistische Planwirtschaft noch Beispiel einer männlich geprägten Gesellschaft. Sie wurde nach Jahrzehnten des real existierenden Sozialismus von der sozialen Marktwirtschaft abgelöst. Die Marktwirtschaft trägt wiederum Züge der weiblichen Menschheit wie Dezentralisierung und Demokratisierung.

Die Demokratisierung ist nicht das einzige Anzeichen einer weiblich werdenden Welt.

Es gibt viele weitere Veränderungen unserer Welt, die darauf hinweisen. Sie werden von uns Heutigen als vorteilhaft empfunden, wären aber in früheren Zeiten als Verfall der Sitten beklagt worden.

Schon in der Schule wird die Vermittlung von Faktenwissen gegenüber der Vermittlung von Soft-Skills wie kommunikativen Fähigkeiten zurückgenommen. Diese Soft-Skills sind Fähigkeiten, die Frauen besser beherrschen als Männer. Männer sind stark bei Fakten, Frauen bei Emotionen. Die Schüler von heute sollen in einer weiblich ausgerichteten Welt besser zurechtkommen. Unsere Vorfahren hätten nicht verstanden, dass man auch ohne Latein und Griechisch Abitur machen kann. Heute kann man es und die Schüler verfügen dafür über mehr soziale Kompetenz als damals.

Die emotionale Stärke der Frauen hat auch eine Kehrseite: ihre emotionale Verletzlichkeit. Beides findet sich in der weiblich werdenden Welt wieder. Die emotionale Stärke der Menschheit zeigt sich in der Fürsorge für die Schwachen, die emotionale Verletzlichkeit in der Zunahme psychische Probleme in der modernen Gesellschaft.

Früher gehörte es dazu, dass junge Männer nach der Schule ihren Wehrdienst verrichteten. Der Militarismus, eine Spielart der Männergesellschaft, hat zu gewissen Zeiten das ganze Denken der Gesellschaft beeinflusst. Heute ist die Wehrpflicht in vielen Ländern abgeschafft.

Um auch Kleinigkeiten zu erwähnen: Dass die medizinischen Pflegekräfte in der Corona-Krise mit ein paar warmen Dankesworten abgespeist wurden, ist ebenfalls Zeichen der weiblichen Gesellschaft, in der Worte mehr zählen als Fakten. In einer männlichen Gesellschaft wären nur handfeste Verbesserungen der Arbeitsbedingungen der betreffenden Kräfte als Kompensation akzeptiert worden. Wird sich daran etwas ändern? Ja! Die Dankesworte werden bleiben und sie sind ja für sich genommen auch nicht schlecht. Was sich aber ändern wird, ist, dass Frauen besser bezahlt werden werden und dass ihre Arbeit auch ohne Anlass gewürdigt werden wird. Sie werden hoffentlich eines Tages nicht mehr um handfeste Verbesserungen ihrer Arbeitsbedingungen kämpfen müssen, sondern werden sie als selbstverständlich gewährt bekommen.

Kann man den Einfluss des Weiblich-Werdens überall feststellen? Wie ist es mit der Überbevölkerung der Erde? In der männlichen Phase der Menschheit vervielfältigte sich die Zahl der Menschen explosionsartig, bis die ganze Erde bevölkert war. Erst in neuerer Zeit geht die Geburtenrate wieder etwas zurück. Das ist weniger auf bewusste Entscheidungen zurückzuführen wie bei Chinas Ein-Kind-Politik. Letztere führte zu Problemen und musste wieder aufgegeben werden. Nein, hier waren Käfte des kollektiven Unbewussten am Werk.

Die Gründe: Der Mann versucht, sein Erbgut möglichst weit zu verbreiten; er will viele Kinder. Die Frau dagegen ist für die Aufzucht der Kinder verantwortlich; mehr noch als das: Sie ist ihnen enger verbunden als der Mann. Das bedeutet aber auch, dass sie nur so viel Kinder in die Welt setzen will, wie sie auch versorgen kann. Geburtenkontrolle ist eine Domäne der Frau.

Eine weibliche Menschheit, die an die Grenzen der Überbevölkerung stößt, wird ihre Vermehrung drosseln. So ist auch hier der Einfluss der weiblich werdenden Menschheit zu spüren. In ihrem Bestreben, das Beste für ihre Kinder zu tun, bremst sie das Bevölkerungswachstum.

Frauen fragen, Männer behaupten – so scheint es in informellen Gesprächen manchmal. Während Frauen sich für die Standpunkte ihrer Gesprächspartner interessieren, glauben Männer, die Weisheit gepachtet zu haben. Natürlich völlig zu Unrecht: Sie wissen auch nicht viel mehr, aber es gehört zu ihrem Imponiergehabe, sich überlegen zu geben. Dabei übersehen sie, dass erst aus dem Meinungsaustausch Neues entsteht.

Die genannten Verhaltensweisen sind darauf zurückzuführen, dass Frauen das soziale Klima in der Familie und der Gruppe pflegen, Männer aber ihre Ansprüche in der Rangfolge durchzusetzen versuchen.

In unserer heutigen Gesellschaft ist das Fragen wichtig geworden. Unsere gesamte Wissenschaft beruht darauf, Fragen gestellt zu haben. Das gab es auch schon in der Antike, wobei es da auf Einflüssen aus Griechenland beruhte, dessen kollektive Psyche homosexuell orientiert war. Dazu später mehr.

Das Fragen wurde lange vergessen und erst mit dem Bginn der Neuzeit um 1500 wieder wichtig, zur Zeit der Renaissance, der Wiederbesinnung auf die Antike. Davor beherrschte im Mittelalter die Kirche mit ihren dogmatischen Aussagen alle Bereiche des Lebens. Die Bibel verlieh den Geistlichen ihre Autorität und durfte nicht in Frage gestellt werden.

Man kann also ab ungefähr 1500 mit dem Einsetzen einer Kultur des Fragens rechnen und damit verbunden mit dem Einsetzen der Transgenderisierung von männlich zu weiblich.

Frauen zerteilten und verwalteten in der Höhle die großen Tiere, die die Männer erbeutet hatten. So könnte man verstehen, dass Männer dazu neigen, großzügig mit Gütern umzugehen, Frauen dagegen ökonomisch. Frauen versuchen, das Geld zusammenzuhalten, das den Männern nur so durch die Finger rinnt. So ist es oft in unserer heutigen Welt: Sparsamkeit ist weiblich. Die heute so populäre Geiz-ist-geil-Mentalität ist ein weiteres Anzeichen einer immer weiblicher werdenden Welt. Das ist nicht nur im Privaten so, auch bei Unternehmen stellen die Einsparungen einen der wichtigsten Punkte in der Bilanz dar. Selbst da herrschen weibliche Denk-weisen!

Frauen kümmern sich um die Kleinigkeiten, die Details, Männer geben sich damit nicht ab – sie wollen die ganz großen Dinge vollbringen. Das war schon immer so: Frauen hielten die Höhle sauber, Männer jagten das Großwild. Nicht ohne Grund erzählt das Märchen „Aschenputtel" von einer idealen Frau, die Erbsen sortiert. Wer will, kann raten, ob die heutige Bürokratie mit ihrer Erbsenzählerei männlich oder weiblich geprägt ist. Auch in dieser Hinsicht sind wir also schon sehr weit im Wandel fortgeschritten.

Man könnte nach den großen politischen Entscheidungen fragen. Gibt es die denn nicht auch noch? Doch, es gibt sie, aber sie werden in viele kleinere fachliche Fragen aufgebrochen und in Teams bearbeitet. Das Parlament wird beteiligt, die Verantwortung wird aufgeteilt. Man wühlt sich praktisch in die Lösung hinein, so dass es kaum den einen Zeitpunkt gibt, zu dem eine einzelne Person eine einzige Entscheidung trifft. So werden Fehler minimiert, die jede einzelne Person immer machen könnte.

Wenn man vom Weiblich-Werden der Menschheit spricht, wird man oft auf die noch bestehende Bevorzugungen von Männern gegenüber Frauen hingewiesen. Das geht bei der Anerkennung ihrer Arbeit los und endet bei ihrer Bezahlung. Solche Effekte lassen sich erst nach und nach beheben. Quotenregelungen sind ein Anfang, kurieren aber höchstens die Symptome. Die grundsätzliche Einstellung muss sich ändern. Dafür muss sich die gesamte Gesellschaft ändern. Hier besteht noch ein Rückstand gegenüber der großen geistigen Bewegung. Dieser Rückstand muss und wird noch aufgeholt werden.

Für das Verständnis der weiblich werdenden Welt ist es vor allem wichtig, das Verhalten der Individuen von dem des Kollektivs zu unterscheiden. Das ist ganz einfach: Einzelne Männer können für feministische Positionen kämpfen und einzelne Frauen können männliche Taktiken verwenden, um in noch männlich gebliebenen Bereichen der Gesellschaft Einfluss zu erlangen.

Am besten sieht man die Entwicklung, wenn man das Verhalten der Menschheit in der Weltpolitik betrachtet: Konfrontationen werden vermieden, der Dialog wird gesucht. Weibliche Verhaltensweisen! Das gilt für Nationen wie für kleinere Gruppen. Man schließt sich in Bündnissen zusammen. Nicht mehr der großartige Einzelgänger wird bewundert, sondern die soziale Kompetenz. Kriege werden möglichst vermieden. Sie werden durch hybride Kriegsführung ersetzt, verdeckte Operationen, Terrorismus und Partisanenangriffe.

Die Vermeidung des offenen Kampfes zugunsten von heimlichen Sticheleien kann als typisch weibliche Verhaltensweise charakterisiert werden. Frauen kämpfen möglichst nicht, wenn es nicht ausdrücklich von den Männern gewünscht wird. Männer schon. In Gefahrensituationen kämpfen Männer, Frauen fliehen. Deshalb haben Männer den kräftigeren Körperbau und Frauen die längeren Beine.

Die Verhaltensweisen von Frauen in der Gemeinschaft können ins Große transponiert werden und erklären die hybride Kriegsführung. Sprichwörtlich geworden für das weibliche Verhalten ist das sogenannte „Gezicke". Und da muss man doch schon sagen: Lieber Herumgezicke als Mord und Totschlag. Das zeigt sich ja schon auf dem Schulhof: Während die Mädchen sich schlimmstenfalls an den Haaren ziehen, schlagen Jungen sich die Nase blutig oder rammen sich ein Messer in den Bauch.

Also ist in dieser Hinsicht das Weiblich-Werden der Menschheit ein Fortschritt. Aber nicht nur in dieser Hinsicht. Freundlichkeit und Mitmenschlichkeit verbreiten sich immer mehr. Auch das ist weiblich.

Diese freundliche Seite der Weiblichkeit lässt sich bereits am Vergleich des Körperbaus von Frauen und Männern ablesen: Die weibliche Brust dient der selbstlosen Ernährung des Säuglings, das Bindegewebe des Körpers der Zartheit im Umgang miteinander. Im Gegensatz dazu dienen die Muskeln und der Körperbau des Mannes dem Kampf.

Eindeutig ist die weibliche Welt die angenehmere. Warum war die Welt dann vorher männlich? Weil die Menschheit früher um ihren Platz in der Welt kämpfen musste. Dazu eignet sich besser eine männliche Psyche.

Die Wahl zwischen männlicher und weiblicher Verhaltensweise in Abhängigkeit von der Anwesenheit oder Abwesenheit von Gefahr hat die Natur uns bei den Bonobos vorgeführt.

Um das zu sehen, kann man Schimpansen und Bonobos miteinander vergleichen, unsere nächsten Verwandten im Tierreich. Diese beiden Gattungen stammen von gemeinsamen Vorfahren ab, die sich vor zwei Millionen Jahren mit der Entstehung des Kongo-Flusses trennten, da sie nicht schwimmen konnten. Offenbar waren die Lebensbedingungen nördlich des Kongo schwieriger. Die Schimpansen, die sich hier entwickelten, mussten um die knappen Ressourcen mit Gorillas konkurrieren, die nur dort vorkamen, nicht aber südlich des Kongo. Die Bonobos, die sich südlich des Kongo entwickelten, verfügten über ein reichhaltiges Nahrungsangebot, um das sie nicht kämpfen mussten.

Das Resultat dieser Entwicklung: Schimpansen sind patriarchalisch organisiert, aggressiv und die einzelnen Affengruppen führen Kriege mit anderen Affengruppen. Die Bonobos hingegen sind matriarchalisch organisiert und lösen ihre Probleme mit Sex. Die kollektive Psyche der Schimpansen ist männlich, die der Bonobos weiblich.

Man kann daher verstehen, dass die Menschen, seit sich ihre Lebensumstände soweit verbessert hatten, dass sie nicht mehr um ihren täglichen Lebenunterhalt kämpfen mussten, zu einer weiblichen Grundhaltung tendierten.

Die ganze Menschheit profitiert vom Weiblich-Werden. Die Vermeidung von Kriegen ist nur ein Symptom unter vielen. Die männliche Menschheit fühlte sich mit der Beherrschung der Natur nicht wohl – sie will lieber in der Natur geborgen sein, ihr vertrauen wie eine Tochter der Mutter. Dieses Unwohlsein würde, wenn es nicht durch das Weiblich-Werden der Menschheit korrigiert würde, zu einer Selbstzerstörung der Menschheit führen. In ihrem Unglück würde die Menschheit Selbstmord begehen.

Eine genauere Betrachtung zeigt tatsächlich, dass die Psyche der Menschheit der Psyche eines Muttersohnes gleicht und dass der Muttersohn zur Selbstzerstörung neigt: Die Mutter der Menschheit ist die Natur, der Vater Gott. Die Natur ist allgegenwärtig, aber Gott ist fern. Der Muttersohn wird von der Mutter geprägt, sehnt sich aber nach dem Vater. In ihm sieht er das Ideal, ist aber durch die Fesseln der Natur gehindert, seine Ideale zu erreichen. Die Mutter hat ihn großgezogen und auf seine großen Aufgaben vorbereitet. Das macht ihn zum Narzissten. Sein Versagen, das notwendig kommen muss, kann ein Narzisst nicht akzeptieren. Er flüchtet sich in den Selbstmord. Das passt zu den Fakten: Die Menschheit arbeitete in ihrer männlichen Vergangenheit permanent an ihrer Selbstzerstörung, war in der Tat 1983 nur noch einen Knopfdruck vom Nuklearkrieg entfernt.

Nun aber die Rettung: das Weiblich-Werden. Der Muttersohn wird zur Muttertochter und diese ist psychisch stabil. Das zeigt sich schon darin, dass das existenzielle Schuldbewusstsein, das die Menschheit so lange plagte und seinen Niederschlag in der Lehre von der Erbschuld fand, im Verschwinden begriffen ist. Man kann das psychologisch begründen: Das existenzielle Schuldbewusstsein ist nach Freud auf den Ödipuskomplex zurückzuführen. Die Menschheit als Muttersohn litt unter diesem Komplex, als Muttertochter aber nicht mehr. Die Menschheit hat psychisch gesehen eine glückliche Zukunft vor sich.

Das Glück ist ein subjektiv empfundener Zustand. In der Tat spricht einiges dafür, dass die weibliche Menschheit diesen Zustand öfter empfindet als die männliche.

Entscheidend ist dabei, dass Frauen gern vorgangsorientiert an ein Problem herangehen, Männer dagegen lösungsorientiert. Frauen diskutieren das Problem zunächst gemeinsam, gehen dann in kleinen Schritten voran (man denke an die Stöckelschuhe) und verbessern dann das vorläufige Ergebnis immer weiter, womit sie nie fertig werden. Es fällt auf, dass dies genau das Vorgehen der modernen Wissenschaft ist.

Männer dagegen versuchen eine schnelle Lösung des Problems und setzen sich danach zur Ruhe. Leider ist die schnelle Lösung naturgemäß nie perfekt, weswegen sie heutzutage von den Frauen kritisiert werden – und das in ihrer Ruhepause! In einer männlichen Welt jedoch wurden sie nicht kritisiert und die Missstände häuften sich.

Im Gegensatz dazu fügen sich in der weiblichen Welt die Dinge nach und nach durch permanente Nacharbeit zu einem positiven Ergebnis. Wie bei der Evolution gibt es dabei Schritte, die sich im Nachhinein als goldrichtig erweisen. Subjektiv scheint es, als habe man Glück gehabt, als sei das Schicksal einem gewogen gewesen. Objektiv lag der Erfolg darin begründet, dass man bei kleinen Schritten in der Lage ist, erste Erfolge zu erkennen und in dieser Richtung weiter vorzugehen.

Dieser Effekt führt dazu, dass die Entwicklungen in der weiblichen Welt als glücklich empfunden werden. In der männlichen Welt des Mittelalters dagegen herrschte allgemeine Untergangsstimmung, in den Künsten wurden damals Memento-mori- und Vanitas-Motive propagiert. Das Kollektiv schien doch eher unglücklich zu sein.

Wir haben Glück, in einer weiblich werdenden Welt zu leben.

Weitere Transgenderisierungen

Man könnte das Weiblich-Werden der Menschheit als eine Transgenderisierung der Menschheit bezeichnet, weil die kollektive Psyche der Menschheit ihr Gender wechselt.

Hierbei entsteht das Problem, dass der Begriff der „Transgenderisierung" im heutigen Sprachgebrauch für Individuen nicht existiert und zwar aus dem Grund, dass transgender Personen ihre scheinbar neue sexuelle Identität in Wirklichkeit schon von Geburt aus in sich tragen. Der Schritt, dies auch auszuleben, wird Transition genannt. In der Beschreibung der kollektiven Psyche der Menschheit geht es aber um etwas anderes. Die Psyche der Menschheit ist in der einen Zeit tatsächlich männlich, in der anderen tatsächlich weiblich. Hier findet im Gegensatz zum Individuum tatsächlich eine Änderung des Gender statt. Die vorgenommene Bezeichnung Transgenderisierung für diesen Vorgang erscheint daher logisch. Für Missverständnisse, die aus der Verwechslung mit irgendwelchen ähnlichen Begriffen aus der Psychologie der Individuen entstehen könnten, sei um Entschuldigung gebeten.

Die beschriebene Transgenderisierung von männlich zu weiblich ist jedoch nicht die einzige, die es je gab. In der Neolithischen Revolution zu Beginn der Jungsteinzeit fand bereits eine frühere Transgenderisierung statt, nämlich von weiblich zu männlich. Dieser Wandel begann je nach Region zwischen 9500 v. Chr. und 5500 v. Chr.

Die Menschen, die bis dahin als Jäger und Sammler gelebt hatten, wurden sesshaft und betrieben Ackerbau und Viehzucht, kultivierten das Land. Hatten sie bis dahin dankbar angenommen, was die Natur ihnen freiwillig gab, so wurden sie jetzt der Natur gegenüber aggressiv, versuchten, sie zu unterjochen und auszubeuten, nahmen sich, was sie brauchten. Die weibliche Menschheit hatte die Natur verehrt und empfangen, was sie ihr gab; die ihr folgende männliche Menschheit manipulierte die Natur, um zu bekommen, was sie wollte.

Es änderte sich viel: Metallverarbeitung und Hausbau erforderten die Herausbildung eines Spezialistentums. Das war etwas, das die Männer von der Jagd her bereits kannten. Frauen dagegen mussten sich gegenseitig in der Schwangerschaft ersetzen können und waren Generalistinnen geworden. Die Spezialisten wurden anerkannt, während die Frauenarbeit als selbstverständlich hingenommen wurde.

So entwickelten sich Hierarchien, in denen die Männer dominierten. Allein schon die Entwicklung von Hierarchien ist ein männlicher Zug.

Der Charakter der kollektiven Psyche änderte sich. Aus der folgsamen Tochter von Mutter Natur wurde der aufsässige Sohn. Eine Transgenderisierung.

Noch etwas Neues entstand beim Männlich-Werden der Welt zu jener Zeit: die ersten Kriege. Kriege sind etwas typisch Männliches. Sie stellen das Aufeinandertreffen zweier konkurrierender Hierarchien dar. Mit der Sesshaftwerdung der Menschen entstand die Notwendigkeit, Reviere abzustecken und zu verteidigen. Dazu wiederum mussten Kampfgemeinschaften gebildet werden, die hierarchisch organisiert waren. Die archäologischen Überreste der ersten Schlachten dieser Zeit erzählen von einer Grausamkeit, die bis dahin unbekannt war.

Die Überwindung des Weiblichen zu dieser Zeit findet ihren Ausdruck im Mythos von der Sintflut. Wie viele große Mythen beruht auch dieser Mythos auf einem Traum des kollektiven Unbewussten der Menschheit. Dieser lässt sich deuten: Das Wasser ist nach Jung ein Symbol des Weiblichen, das in dem Mythos die Menschheit zu vernichten drohte. Durch die Konstruktion der Arche – ein Symbol der zu dieser Zeit männlichen Ingenieurskunst – wurde die Gefahr überwunden.

Kurz: Die bedrohliche weibliche Flut wird vom männlichen Erfindergeist besiegt. Der Mythos entstand unabhängig und fast gleichzeitig an den verschiedensten Orten der Welt – vom Nahen Osten bis China, und zwar zur Zeit der Neolithischen Revolution, d.h. zur Zeit dieser Transgenderisierung. Der Mythos beschreibt den Wandel der kollektiven Psyche der Menschheit von weiblich zu männlich.

Man kann nach weiteren Transgenderisierungen suchen, aber die Interpretationen werden spekulativer, wenn man weiter in der Zeit zurückgeht. Bei den Australopithecinen weisen vor vier Millionen Jahren sehr kurze Beine und lange Eckzähne bei männlichen Exemplaren darauf hin, dass diese ausgiebig um ihre Position in der Gruppe kämpfen mussten. Durch die kurzen Beine wurde der Schwerpunkt tiefergelegt, was im Kampf von Vorteil war. Diese Rangkämpfe lassen auf Hierarchien und eine männliche kollektive Psyche schließen.

Irgendwann vor ganz grob zwei Millionen Jahren entwickielte sich die Gattung „Mensch" aus den Australopithecinen. Im Verlauf dieser Entwicklung fand gleichzeitig ein Wandel der kollektiven Psyche von männlich zu weiblich statt. Es gab sichtbare Zeichen: Vor 500000 Jahren tauchten beim Homo erectus erste Artefakte auf, die als Vorformen von Schmuck aufgefasst werden können. Ab ca. 300000 v. Chr. gab es den Homo sapiens und Schmuck verbreitete sich weithin. Man kann davon ausgehen, dass das Tragen von Schmuck mit einer Würdigung von Schönheit einherging und dieses Schönheitsbewusstsein mit einem Weiblichwerden der Menschheit zusammenhing, die gerade im Entstehen begriffen war. Der Prozess der Entwicklung der Menschheit aus den Australopithecinen dürfte sich über zwei Millionen Jahre erstreckt haben. Während dieses Prozesses hat offenbar beim Kollektiv dieser Wesen eine frühe Transgenderisierung von männlich zu weiblich stattgefunden.

Die Gründe dafür lassen sich verstehen. Die Vergangenheit der Vormenschen dürfte schwer gewesen sein. Sie hatten in Südostafrika seinerzeit Dürreperioden zu erdulden, wobei sie sich gegen konkurrierende Arten durchsetzen mussten. Für den Kampf ist der Mann besser geeignet. Deshalb war die kollektive Psyche männlich.

Der Homo erectus trat zu besseren Zeiten in viel kleineren Zahlen auf. Er hatte durch Verwendung von Waffen eine gewisse Dominanz gegenüber dem Tierreich errungen. Nun brauchte er weniger die männliche Agressivität als ein planvolles Vorgehen bei der Jagd und der Verteidigung gegen Raubtiere. Auch die Konkurrenz innerhalb der Gruppen wurde zur Gefahr, da nicht genug Individuen vorhanden waren, als dass man eines hätte entbehren können. Die Kämpfe um die Frauen wurden reduziert, indem die Monogamie aufkam. Man musste gut miteinander auskommen – eine Stärke der Frauen. Die kollektive Psyche wurde weiblich.

Die Geschichte der Menschheit im Hinblick auf das Gender ihrer kollektiven Psyche kann man demnach so zusammenfassen:

Die Vormenschen hatten eine männliche kollektive Psyche. Vor ungefähr zwei Millionen Jahen entwickelte sich die Gattung „Homo", welche eine weibliche kollektive Psyche besaß. Vor etwa 10000 Jahren wurden die Menschen sesshaft und die kollektive Psyche wurde männlich. Ab ca. 1500 n.Chr. bis heute begann die kollektive Psyche, allmählich wieder weiblich zu werden.

Die besprochenen Transgenderisierungen betrafen die Vergangenheit der Menschheit. Wird es in Zukunft weitere Transgenderisierungen geben? Spekulieren ist erlaubt, auch wenn das schon in den Bereich der Science Fiction führen könnte.

Die Menschheit könnte eines Tages in den Weltraum aufbrechen. Wie auch immer das aussehen mag, eines ist klar: Wenn die Menschheit die Grenzen dieses Planeten hinter sich lässt, verringert sich die Gefahr ihrer Selbstvernichtung. Die Existenz als Muttersohn wäre dann wieder eine Option. Die größere Kampfkraft des Mannes könnte bei der Eroberung feindlicher Lebensräume von Vorteil sein. Eine neuerliche Transgenderisierung von weiblich zu männlich in sehr ferner Zukunft kann daher nicht ausgeschlossen werden.

Noch ein Gedanke: Ist es zu engstirnig, nur von Transgenderisierungen zwischen männlich und weiblich zu sprechen? Schließlich wäre ja auch die Transgenderisierung zu einer queeren Identität möglich. In der Tat gab es für einige Zeit eine Transgenderisierung zu einer homosexuellen männlichen Identität. Diese fand ungefähr 1200 – 750 v.Chr. im griechischen Kulturkreis statt. Das betraf zwar nicht die gesamte Menschheit, aber das Zentrum der damaligen abendländischen Kultur und führte zur Entstehung der Demokratie, lange bevor diese in der jetzigen Transgenderisierung wiederentdeckt wurde.

Zu jener Zeit ging die mykenische Kultur unter. Diese Kultur war feudal hierarchisch organisiert, also männlich geprägt. Die nachfolgende griechische Kultur brachte die Demokratie hervor, ein Zeichen für eine weibliche kollektive Psyche. Der Umbruch könnte für eine Transgenderisierung von männlich zu weiblich gehalten werden, war es aber nicht. Die weibliche Psyche ähnelt in manchen Zügen der homosexuellen männlichen. Tatsächlich führte diese spezielle Transgenderisierung zu einer homosexuellen männlichen kollektiven Psyche.

Anlass für den Wandel könnten gesellschaftliche Unruhen zu jener Zeit gewesen sein, hervorgerufen durch ein Erdbeben, Klimakatastrophen oder eine permanente Zuwanderung, die die bestehenden Machtverhältnisse in Frage stellte. Offenbar drohte eine Selbstzerstörung, eine Implosion der Gesellschaft. Um diese zu vermeiden, musste der Ödipus-Konflikt beseitigt werden und dazu musste der heterosexuelle Muttersohn sich wandeln. Die Wandlung zu einer weiblichen Identität mag nahegelegen haben, kam aber nicht in

Frage. Da die Lebensumstände schwer waren, musste die männliche Identität mit ihrer Kampfkraft beibehalten werden. Der Ödipus-Komplex konnte schließlich auch durch die Homosexualität entschärft werden. Dass das Kollektiv damals nicht die weibliche, sondern die homosexuelle männliche Identität bevorzugte, zeigen die Mythen jener Zeit.

Es beginnt mit der Genealogie der Götter, wo erzählt wird, dass Uranos, der das Männliche in die Welt brachte, von seinem Sohn Kronos entmannt wurde. Die Geschichte zeugt von einer Entmachtung des männlichen Prinzips. Nicht nur deswegen, weil der Urheber der Männlichkeit entmannt wurde, sondern auch, weil Kronos überhaupt eine derartige Tat beging. Heterosexuelle Männer scheuen vor Kastration zurück. Der Grund mag darin liegen, dass dafür der physische Kontakt zu den Geschlechtsteilen eines anderes Mannes erforderklich ist, was bei heterosexuellen Männern tabuisiert ist. Frauen und homosexuelle Männer könnten diese Tat jedoch begehen. Sollte also Kronos homosexuell dargestellt werden? Dafür gibt es keine weiteren Anhaltspunkte. Wäre es jedenfalls in diesem speziellen Kontext so gemeint gewesen, so wäre durch einen homosexuellen Titanen das männliche Prinzip beendet worden.

Das Neue wurde also nicht das Weibliche, sondern das Homosexuelle. Dafür gibt noch einen Hinweis in den Mythen: Der homosexuelle Mann Achill besiegt vor Troja die weibliche Amazonenkönigin Penthesilea. Beide sind herausragende Repräsentanten ihres Genders. Das bedeutet: Das homosexuelle Prinzip setzte sich auch gegen das weibliche durch.

Die homosexuelle Epoche, die sich im klassischen Griechenland manifestierte, wird oft als die Wiege der europäischen Kultur gesehen.

Das Ende der abschließenden hellenistischen Epoche kam 27 v.Chr. mit der Eingliederung Griechenlands ins römische Reich, wobei die griechische Kultur in das römische Geistesleben integriert wurde und wohl auch die Kultivierung der Homosexualität die politische Veränderung teilweise überdauerte.

Corona und andere Bedrohungen

Das Corona-Virus wirksam zu bekämpfen, erfordert harte Maßnahmen. Es hätte zum Beispiel geholfen, wenn bei Bekanntwerden des Virus sämtliche Grenzen schlagartig hermetisch abgeriegelt worden wären – aber wirklich sofort und rigoros! Selbst wenn es in Einzelfällen schon zu spät gewesen wäre, so hätte man diese Einzelfälle eingrenzen können.

In unserer weiblich werdenden Welt wäre das politisch nicht durchsetzbar gewesen. Schade. Als die Pandemie sich dann verbreitet hatte, wäre es gut gewesen, genügend Masken auf Vorrat zu haben. In einer straff durchorganisierten männlichen Welt wäre dafür gesorgt gewesen. In unserer Welt nicht.

Schon 2007 gab es eine Pandemie-Übung für eine Supergrippe, bei der festgerstellt wurde, dass ein gravierender Mangel an Masken und Schutzkleidung bestand sowie erschreckende Defizite in der Organisation.

Bis zum Corona-Ausbruch wären nun viele Jahre Zeit gewesen, diese Missstände zu beheben, aber es geschah nicht wirklich etwas. Die Tatkraft fehlte.

Wenn nun aber in der Corona-Pandemie zu wenig Masken für alle da waren, hätte man sie gezielt verteilen können. Ungerechtigkeiten hätte es zwar gegeben, aber in einer männlichen Gesellschaft wie einer Diktatur oder Monarchie hätte man keinen Widerspruch fürchten müssen. In der weiblichen Welt herrscht jedoch Demokratie und die Bevölkerung musste daher auf rhetorische Weise gelenkt werden. Da nicht genug Masken für alle da waren, propagierte man, das Tragen von Masken sei gefährlich. Die absurde Begründung war: Das Tragen der Maske könne ein trügerisches Gefühl der Sicherheit vorgaukeln. Die Findigkeit dieser Begründung ist schon wieder bewundernswert – ganz große Kunst der Demagogie. Viele Menschen hörten darauf – mit schlimmen Folgen!

Als ganz verpönt galt das Tragen von FFP2-Masken. Diese sollten dem medizinischen Fachpersonal vorbehalten sein, obwohl es sie frei zu kaufen gab. In einer männlichen Welt hätte man die Masken beschlagnahmt oder um jeden Preis gekauft und an das medizinische Fachpersonal verteilt. Aber selbst die Logistik dafür schien ein Problem darzustellen.

Man lief den Entwicklungen hinterher. Als man endlich begann, auf dem Weltmarkt Masken zu kaufen, gab es keine mehr. Man geriet in Panik und setzte alles in Bewegung, mit dem Erfolg, dass man auf einmal zu viele Masken hatte. Völlig überfordert weigerte man sich, den Lieferanten die schon bestellten Posten abzunehmen.

Dann gab es endlich einen Lichtblick: Die ersten Impfstoffe waren entwickelt worden. Männlich geprägte National-staaten hätten sich darauf gestürzt wie Hähne bei einem Hahnenkampf. Stattdessen beschlossen die Nationalstaa-ten, eine koordinierte Strategie zu fahren. In unserem Fall hieß das, ein gemeinsames Vorgehen der EU in Gang zu setzen.

Entsprechend schwerfällig ging es voran, man kam zu spät und erhielt zu wenig bei den Lieferungen. Das Vorgehen war vom politischen Standpunkt aus löblich, ein Ausdruck weiblicher Mentalität und des Gemeinschaftssinnes. Von der Effizienz her stellte es ein Desaster dar.

Leider war man dadurch beim Impfen zu langsam. Später wurde mehr Impfstoff verfügbar und an Impfzentren verteilt. Richtig voran ging es allerdings erst, als die Hausärzte einen Großteil der Impfungen übernahmen. Hier konnte die weibliche Welt eine ihrer Stärken ausspielen: eine dezentralisierte Mobilisierung der Gemeinschaft. Das funktionierte!

Das nächste Problem stellte sich, als Erleichterungen für Geimpfte in Aussicht gestellt wurden und allzu viele Menschen plötzlich auf eine Impfung drängten, die noch keine Chance hatten, an die Reihe zu kommen. Hatte man bis zu diesem Zeitpunkt noch versucht, besonders gefährdete Menschen bevorzugt zu impfen, so fehlte in Folge die Durchsetzungskraft des Staates und die Priorisierung wurde aufgegeben. Das kann als ein Ausdruck einer freiheitlichen Gesellschaft gesehen werden und ist der Weiblichkeit unserer Welt zu verdanken. Nachgiebigkeit ist eine weibliche Tugend. Mit anderen Worten: Kontrolle ist männlich, Laissez-faire ist weiblich.

Die männliche Logik hätte vielleicht eine Steuerung für sinnvoll gehalten, aber sie kam nicht mehr zum Zuge. Man kann sogar so weit gehen zu sagen, dass das Chaos weiblich ist. Männer neigen dazu, alles durchzuorganisieren, Frauen verhalten sich intuitiv und dadurch manchmal chaotisch.

Typisch weiblich ist auch das „Fahren auf Sicht" in der Corona-Bekämpfung durch Kontaktbeschränkungen, was zu einem Jojo-Spiel bei den Lockdown-Phasen geführt hat. Kaum gingen die Infektionszahlen herunter, beugte man sich dem Druck der Straße und öffnete. Eine weibliche Reaktion der Gutwilligkeit. Damit lief man genau in die nächste Welle. Ein neuer Lockdown folgte und das Ganze begann von vorn.

Erst langsam kam man dazu, längerfristige Konzepte zu erarbeiten.

Man kann all das zusammenfassen: Wirksame Maßnahmen hätten sich in den meisten Fällen in einer männlichen Welt mit ihren strengen Befehlsketten besser durchsetzen lassen als in einer weiblich werdenden Welt, in der alles erst endlos durchdiskutiert wird und dann vielleicht irgendwann auf Good-Will Basis umgesetzt wird. Letzteres trifft auf unsere verbreiteten Demokratien oft zu und ist Zeichen der weiblich werdenden Welt. Aus unserer heutigen Sicht ist das gut so, aber wir müssen uns damit abfinden, dass dieses Vorgehen nicht das effizienteste ist. Dies ist der Preis der Freiheit. Diktaturen werden besser mit der Pandemie fertig, wenn sie es denn wollen. Aber wer will schon in einer Diktatur leben?!

Noch etwas Positives kommt hinzu: Die Weiblichkeit der Menschheit verhindert, dass übereilte Maßnahmen getroffen werden. Überstürzt in Aktionismus zu verfallen ist die entgegengesetzte Gefahr und sie ist männlich. In einer männlichen Welt wären möglicherweise Vakzine verimpft worden, bevor sie ausreichend getestet worden wären. Alles hat seine Vor- und Nachteile.

Die Fehler, die in der Corona-Krise gemacht wurden, ließen sich auf die Dauer nicht leugnen und einige Politiker entschuldigten sich dafür. Auch das ist ein Zeichen für eine weibliche Welt. Männern fällt es schwer, sich zu entschuldigen; Frauen können das. Und Männer in einer weiblichen Welt können es eben auch.

Diese Entschuldigungen zeugen von Größe. Ob sie indes notwendig waren, darüber kann gestritten werden. Die Verhaltensweisen, um die es hier geht, waren schließlich in der weiblich werdenden Welt die naheliegenden. Die Protagonisten taten das, was man in dieser Welt in dieser Situation tut. Solange man nicht die kollektive Psyche der ganzen Menschheit ändert, hätte man kaum etwas anderes erwarten können. Es ist unser Schicksal.

Dennoch: Eine Entschuldigung tut immer gut, sie zeugt vom Gemeinschaftssinn einer weiblich werdenden Welt.

In einer weiblich werdenden Welt werden wir wohl lernen müssen, mit der Pandemie zu leben.

Dass die weibliche Menschheit nicht so schlagkräftig reagieren kann wie die männliche zeigt sich nicht nur bei Corona. Ähnlich ist es mit dem Klimawandel. Hier wird das Dilemma der weiblichen Welt besonders deutlich: Die Natur wird von der weiblichen Welt verehrt. Sie zu bewahren, ist das Ziel. Viele Konferenzen wurden veranstaltet und unzählige Willenserklärungen abgegeben. Trotzdem fehlte letztlich die männliche Entschlossenheit, wirkungsvolle Maßnahmen zu ergreifen. Die heutige Menschheit kann offenbar nur langsam auf die Herausforderungen reagieren, aber Hoffnung besteht, dass die Maßnahmen, wenn sie denn ergriffen werden, nachhaltig sind, da die weibliche Haltung durch Rücksichtnahme auf die

Natur gekennzeichnet ist. Tragisch ist, dass schon so viel Zeit verloren wurde. Womöglich wurde der Point of no Return bereits überschritten, d.h. die Methanlager wurden eventuell schon vom Eis freigelegt und der Klimawandel könnte irreversibel geworden sein.

Das Weiblich-Werden der Menschheit müsste sie vor der Selbstvernichtung schützen. Der Klimawandel ist menschengemacht und Corona wohl auch. Entweder ist das Virus durch die zu enge Interaktion zwischen Mensch und Tier auf den Märkten in Wuhan entstanden, oder es ist sogar in den dortigen virologische Laboren künstlich herangezüchtet worden und versehentlich entwichen. Es sollen sogar dort arbeitende Forscher in diesem Stadium erkrankt sein, was allerdings von den örtlichen Behörden geleugnet wird.

Aber nicht alle Bedrohungen der Menschheit sind menschengemacht und verschwinden beim Weiblich-Werden der Menschheit. Meteoriteneinschläge, Supervulkanausbrüche, Gammastrahlenblitze, globale Erdbeben und andere Ereignisse könnten die Menschheit ebenfalls bedrohen, ohne dass sie etwas dafür getan hätte. Auch in diesen Fällen könnte eine männliche Menschheit schneller reagieren, aber es wären andererseits Situationen denkbar, in denen es weniger um eine Abwehr von Gefahren geht als um ein Überleben nach einem Unglück. Dann wäre wiederum die weibliche Menschheit im Vorteil.

Das, was hier bisher besprochen wurde, ist der Einfluss des Weiblich-Werdens der Welt auf die Bekämpfung der Corona-Pandemie. Wie ist es umgekehrt mit dem Einfluss von Corona auf das Weiblich-Werden der Menschheit? Ganz einfach: Die Corona-Pandemie verstärkt diesen Prozess. Ausgangssperren werden erlassen mit dem Ziel, die Menschen in ihrem Heim zu halten. Mehr als bisher wird das Häusliche wichtiger. Das Häusliche ist Domäne der Frauen. Hier haben sie das Sagen. Das führt zwar bei manchen überforderten Männern zu schlimmen Exzessen wie häuslicher Gewalt, aber wenn diese konsequent verfolgt wird, können auch die entsprechenden Männer in die weibliche Welt integriert werden.

Mit Corona werden wir auskommen müssen, aber die Pandemie wird das Weiblich-Werden der Menschheit nicht behindern.